# My First
# Visual Dictionary

• • • • • • • • • • • • •

# Mi Primer
# Diccionario Visual

**Gareth Stevens Publishing**
A WORLD ALMANAC EDUCATION GROUP COMPANY

Please visit our web site at: **www.garethstevens.com**
**For a free color catalog describing Gareth Stevens' list of high-quality books
and multimedia programs, call 1-800-542-2595 (USA) or 1-800-461-9120
(Canada). Gareth Stevens Publishing's Fax: (414) 332-3567.**

The publishers would like to thank David Salinas of Milwaukee, Wisconsin, for
his kind and professional help with the information and translations in this book.

Library of Congress Cataloging-in-Publication Data available upon request from publisher.
Fax (414) 336-0157 for the attention of the Publishing Records Department.

ISBN 0-8368-2897-6

This North American edition first published in 2001 by
**Gareth Stevens Publishing**
A World Almanac Education Group Company
330 West Olive Street, Suite 100
Milwaukee, WI 53212 USA

Created and produced as *My First Visual Dictionary* by

QA INTERNATIONAL
329 rue de la Commune Ouest, 3$^e$ étage
Montréal, Québec
Canada H2Y 2E1
Tel.: (514) 499-3000  Fax: (514) 499-3010
www.qa-international.com

© QA International 2001.  Additional end matter © 2001 by Gareth Stevens, Inc.

Editorial Directors:  Caroline Fortin, François Fortin
Terminology:  Jean-Claude Corbeil, Serge D'Amico
Graphic Designer:  Anne Tremblay
Coordination and Page Setup:  Lucie Mc Brearty
Illustrators:  Rielle Lévesque, Jocelyn Gardner, François Escalmel,
  Michel Rouleau, Mamadou Togola, Jean-Yves Ahern
Preparation of Games and Riddles:  Yolande Lavigueur
Research:  Martine Podesto
Translator:  Peter Malden
Copy Editing:  Jane Broderick, Veronica Schami
Computer Programming:  Daniel Beaulieu
Production:  Tony O'Riley
Gareth Stevens Editor:  Katherine J. Meitner

Printed in Canada

1 2 3 4 5 6 7 8 9 05 04 03 02 01

# Table of Contents
# Tabla de materias

**KEY**: The dots (•) introduce the riddles (answers on page 48). The squares (■) introduce the games.
**LEYENDA:** El punto redondo (•) introduce las adivinanzas (respuestas en la página 48). El punto cuadrado (■) introduce los juegos.

# Human Body – El cuerpo humano

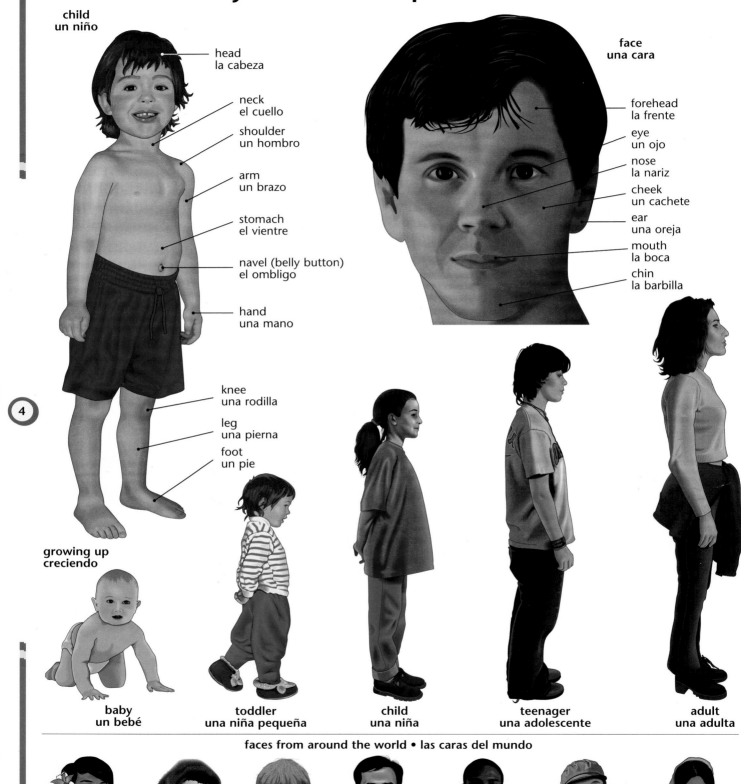

**child**
**un niño**

head
la cabeza

neck
el cuello

shoulder
un hombro

arm
un brazo

stomach
el vientre

navel (belly button)
el ombligo

hand
una mano

knee
una rodilla

leg
una pierna

foot
un pie

**face**
**una cara**

forehead
la frente

eye
un ojo

nose
la nariz

cheek
un cachete

ear
una oreja

mouth
la boca

chin
la barbilla

4

**growing up**
**creciendo**

**baby**
**un bebé**

**toddler**
**una niña pequeña**

**child**
**una niña**

**teenager**
**una adolescente**

**adult**
**una adulta**

**faces from around the world • las caras del mundo**

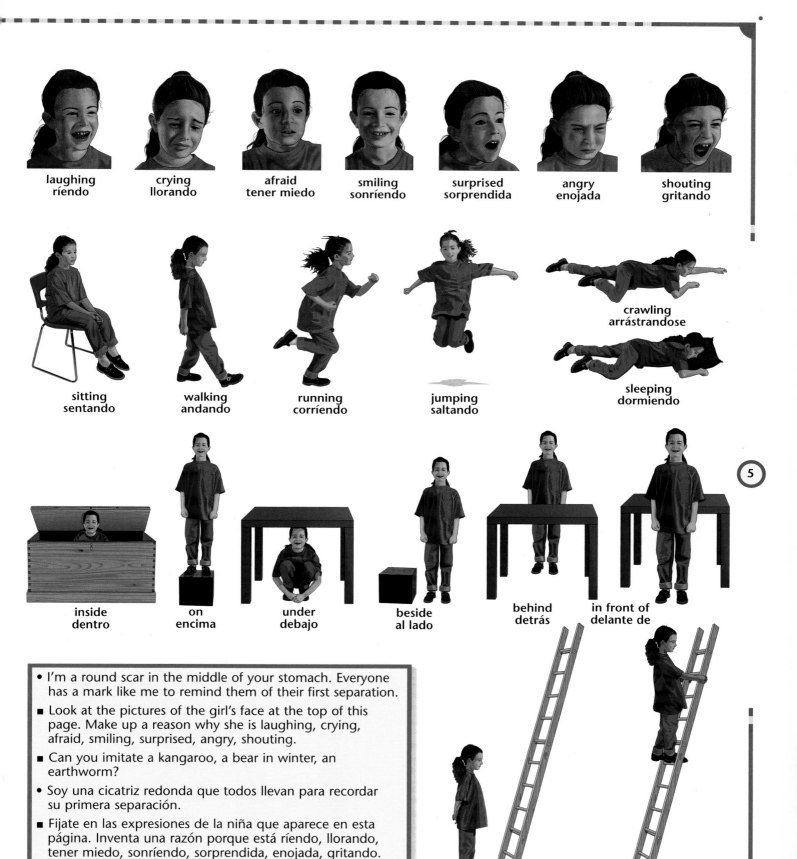

laughing
ríendo

crying
llorando

afraid
tener miedo

smiling
sonríendo

surprised
sorprendida

angry
enojada

shouting
gritando

sitting
sentando

walking
andando

running
corríendo

jumping
saltando

crawling
arrástrandose

sleeping
dormiendo

inside
dentro

on
encima

under
debajo

beside
al lado

behind
detrás

in front of
delante de

at the bottom of
abajo

on top of
arriba

- I'm a round scar in the middle of your stomach. Everyone has a mark like me to remind them of their first separation.
- Look at the pictures of the girl's face at the top of this page. Make up a reason why she is laughing, crying, afraid, smiling, surprised, angry, shouting.
- Can you imitate a kangaroo, a bear in winter, an earthworm?
- Soy una cicatriz redonda que todos llevan para recordar su primera separación.
- Fijate en las expresiones de la niña que aparece en esta página. Inventa una razón porque está ríendo, llorando, tener miedo, sonríendo, sorprendida, enojada, gritando.
- ¿Como imitanás a un canguro, a un oso en invierno y a un gusano?

# Clothing – La ropa

jumpsuit
un mono afelpado

pump
un zapato de tacón

baby sleeping bag
una bolsa de dormir

shirt
una camisa

collar
el cuello

sleeve
una manga

pocket
un bolsillo

button
un botón

cuff
un puño

gloves
unos guantes

suspenders
unos tirantes

snowsuit
un equipo de invierno

hunting cap
una gorra

jeans
unos pantalones
vaqueros

riding boot
una bota de montar

belt
un cinturón

swimsuit
un traje de baño
de hombre

dress
un vestido

windbreaker
un contra viento

sleeper
unas pijamas de bebé

socks
los calcetines

- With or without a pom-pom, I keep your head warm and cozy!

■ Look at the shoes. Which ones would you wear to run, to relax at home, to walk in the woods, to play on the beach, to go horseback riding?

- ¡Llevo a cinco camaradas encarcelados en mi interior, que abiertos y separados darían de bofetadas!

■ Observa los zapatos. ¿Cuáles escogerías para, correr, andar por casa, ir al bosque, ir a la playa y montar a caballo?

6

underwear
unos calzoncillos

necktie
una corbata

shorts
un pantalón corto

ankle boot
un botín

jacket
una cazadora

blouse
una blusa

overalls
un maragüelles

blazer
un blazer

shirt
una playera

sweatshirt
una sudadera

sweatpants
un pantalón deportivo

vest
un chaleco

swimsuit
un traje de baño
de mujer

diaper
un pañal

moccasin
un mocasín

turtleneck sweater
un suéter de cuello de
tortuga

bathrobe
una bata

sandal
una sandalia

pajamas
unas pijamas

suit
un traje sastre

skirt
una falda

running shoe
un zapato deportivo

rompers
un bombacho

stocking cap
un gorro

tongue
la lengüeta

heel
el talón

sole
la suela

lace
un cordón

# Food – La comida

cookies
unas galletas

salt shaker
un salero

pepper shaker
un pimentero

fish
el pescado

pretzel
un pretzel

popcorn
las palomitas

butter
la mantequilla

baby cup
un vaso de bebé

glass
un vaso

cake
un pastel

steak
un bistec

honey dipper
una cuchara de
miel

honey
la miel

bagel
un bagel

sausage
una longaniza

cottage cheese
el requesón

egg
un huevo

spaghetti
un espaguetis

fruit juice
un jugo de fruta

ham
el jamón

bread
el pan

pita bread
el pan pita

white bread
el pan

wine
el vino

tortillas
unas tortillas

chapati
el pan chapata

multigrain bread
el pan integral

French bread
una barra de pan

jars
las jarras

chocolate
el chocolate

madeleines
unas magdalenas

pie
una tarta

cheese
el queso

cup
una taza

silverware
los artículos de plata

rice
el arroz

oil
el aceite

fork
el tenedor

spoon
la cuchara

knife
el cuchillo

candies
unos dulces

yogurt
el yogur

croissant
un cuerno

stew
un estofado

Danish pastry
un rollo con pasas

salad
la ensalada

turkey
el pavo

pasta
la pasta

cereal
un cereal

ice cream
unos helados

pizza
una pizza

baby bottle
un biberón

9

- I'm a big round pie — but people eat me first, not for dessert.
- You can dye me or paint me, but you have to break me if you want to eat me.
- Imagine that you've just gotten up and you're hungry. Which things on these pages would you choose for breakfast? Which ones would you take with you on a picnic?
- Soy una tarta redonda — pero la gente me come primero, no como un postre.
- Mi puedes teñir o pintar, pero me tienes que rompen si quieres comerme.
- Te acabas de levantar, tienes mucha hambre y estas páginas están llenas de cosas para comer. ¿Qué escogerías para desayunar? ¿Qué te llevarías para hacer un picnic?

ketchup
la catsup

sandwich
un sandwich

# Vegetables – Las verduras

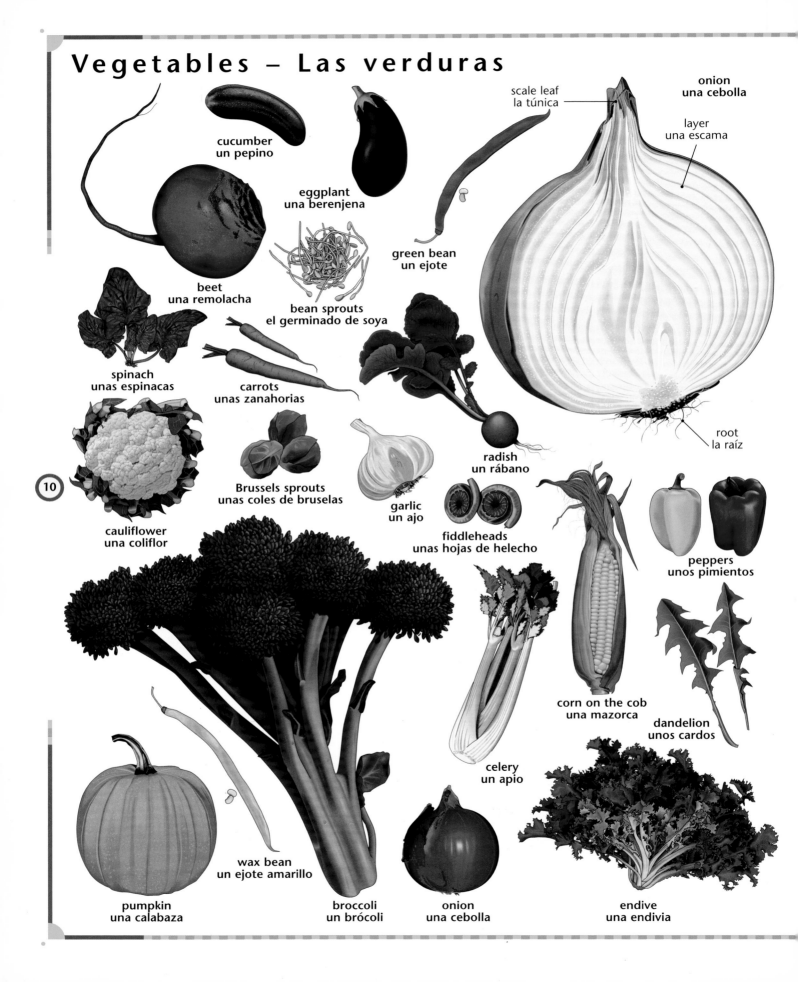

cucumber
un pepino

eggplant
una berenjena

green bean
un ejote

scale leaf
la túnica

onion
una cebolla

layer
una escama

beet
una remolacha

bean sprouts
el germinado de soya

spinach
unas espinacas

carrots
unas zanahorias

radish
un rábano

root
la raíz

cauliflower
una coliflor

Brussels sprouts
unas coles de bruselas

garlic
un ajo

fiddleheads
unas hojas de helecho

peppers
unos pimientos

dandelion
unos cardos

corn on the cob
una mazorca

celery
un apio

pumpkin
una calabaza

wax bean
un ejote amarillo

broccoli
un brócoli

onion
una cebolla

endive
una endivia

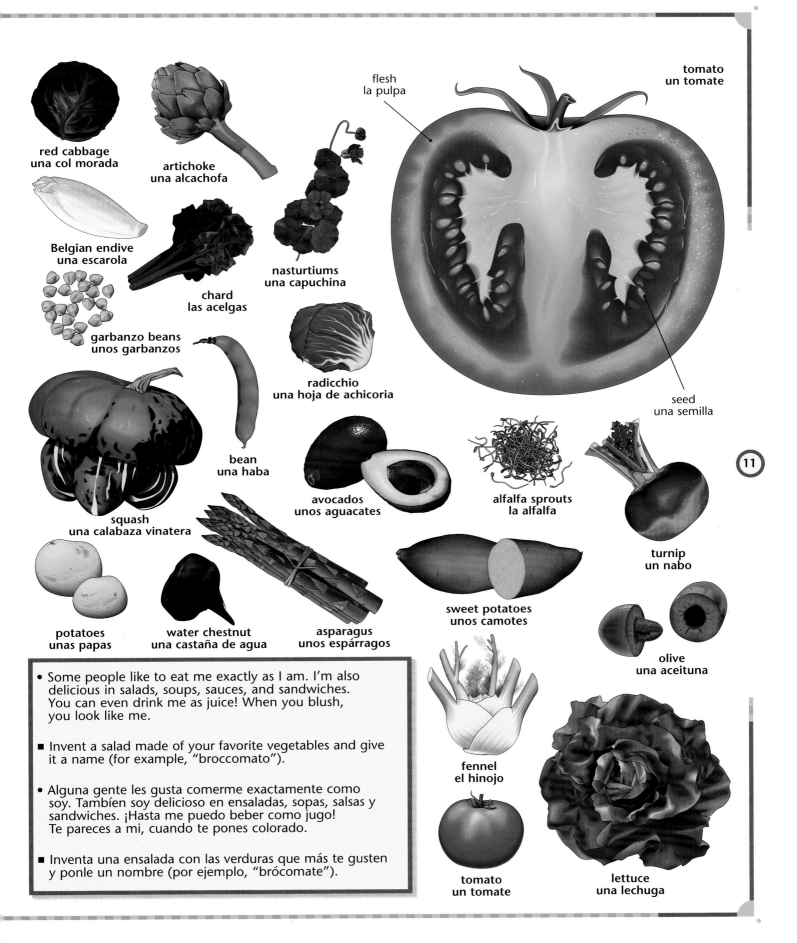

red cabbage
una col morada

artichoke
una alcachofa

Belgian endive
una escarola

chard
las acelgas

nasturtiums
una capuchina

garbanzo beans
unos garbanzos

radicchio
una hoja de achicoria

bean
una haba

squash
una calabaza vinatera

avocados
unos aguacates

alfalfa sprouts
la alfalfa

flesh
la pulpa

tomato
un tomate

seed
una semilla

turnip
un nabo

sweet potatoes
unos camotes

potatoes
unas papas

water chestnut
una castaña de agua

asparagus
unos espárragos

olive
una aceituna

fennel
el hinojo

tomato
un tomate

lettuce
una lechuga

- Some people like to eat me exactly as I am. I'm also delicious in salads, soups, sauces, and sandwiches. You can even drink me as juice! When you blush, you look like me.

■ Invent a salad made of your favorite vegetables and give it a name (for example, "broccomato").

- Alguna gente les gusta comerme exactamente como soy. Tambíen soy delicioso en ensaladas, sopas, salsas y sandwiches. ¡Hasta me puedo beber como jugo! Te pareces a mi, cuando te pones colorado.

■ Inventa una ensalada con las verduras que más te gusten y ponle un nombre (por ejemplo, "brócomate").

# Fruits – Las frutas

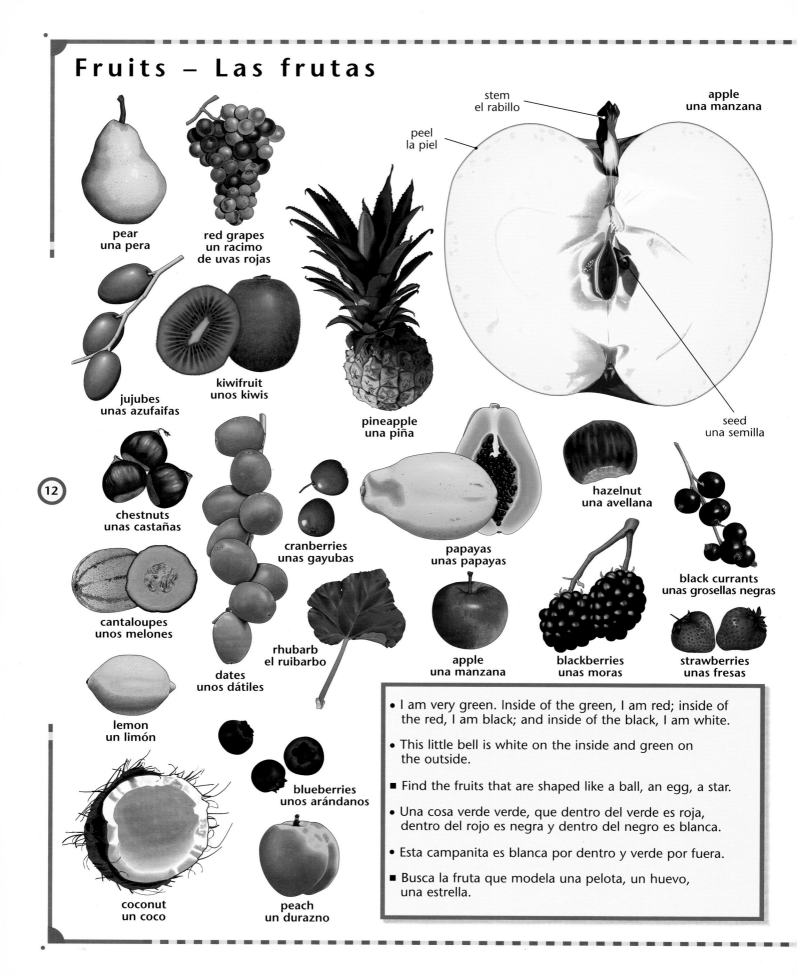

**pear**
una pera

**red grapes**
un racimo
de uvas rojas

**jujubes**
unas azufaifas

**kiwifruit**
unos kiwis

**pineapple**
una piña

stem
el rabillo

**apple**
una manzana

peel
la piel

seed
una semilla

**chestnuts**
unas castañas

**cranberries**
unas gayubas

**papayas**
unas papayas

**hazelnut**
una avellana

**black currants**
unas grosellas negras

**cantaloupes**
unos melones

**rhubarb**
el ruibarbo

**apple**
una manzana

**blackberries**
unas moras

**strawberries**
unas fresas

**dates**
unos dátiles

**lemon**
un limón

**blueberries**
unos arándanos

**coconut**
un coco

**peach**
un durazno

• I am very green. Inside of the green, I am red; inside of the red, I am black; and inside of the black, I am white.

• This little bell is white on the inside and green on the outside.

■ Find the fruits that are shaped like a ball, an egg, a star.

• Una cosa verde verde, que dentro del verde es roja, dentro del rojo es negra y dentro del negro es blanca.

• Esta campanita es blanca por dentro y verde por fuera.

■ Busca la fruta que modela una pelota, un huevo, una estrella.

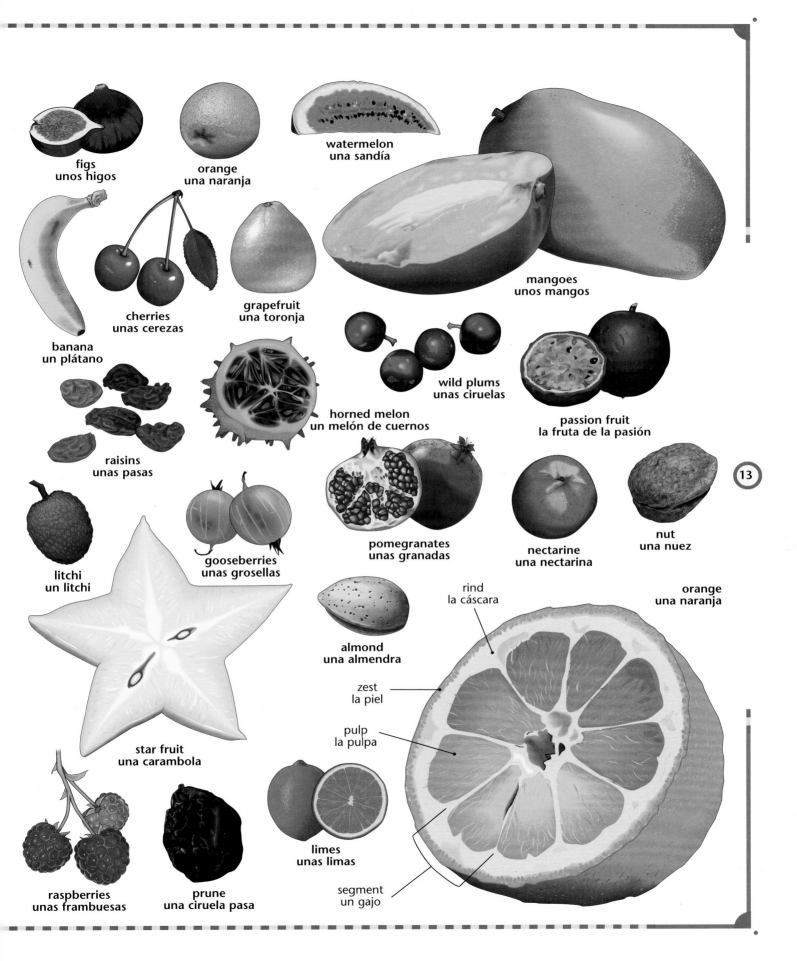

figs
unos higos

orange
una naranja

watermelon
una sandía

mangoes
unos mangos

banana
un plátano

cherries
unas cerezas

grapefruit
una toronja

wild plums
unas ciruelas

passion fruit
la fruta de la pasión

raisins
unas pasas

horned melon
un melón de cuernos

litchi
un litchi

gooseberries
unas grosellas

pomegranates
unas granadas

nectarine
una nectarina

nut
una nuez

almond
una almendra

rind
la cáscara

orange
una naranja

zest
la piel

pulp
la pulpa

star fruit
una carambola

limes
unas limas

segment
un gajo

raspberries
unas frambuesas

prune
una ciruela pasa

13

# Plants and Gardens – Las plantas y los jardínes

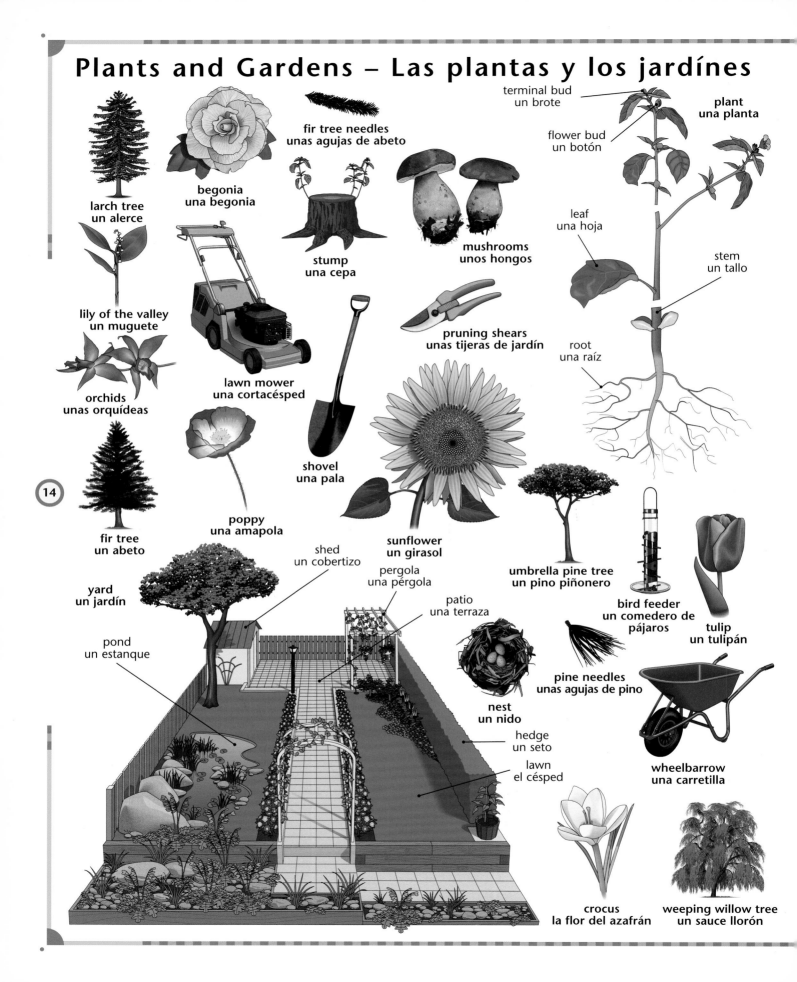

larch tree
un alerce

begonia
una begonia

fir tree needles
unas agujas de abeto

stump
una cepa

mushrooms
unos hongos

terminal bud
un brote

plant
una planta

flower bud
un botón

leaf
una hoja

stem
un tallo

lily of the valley
un muguete

lawn mower
una cortacésped

pruning shears
unas tijeras de jardín

root
una raíz

orchids
unas orquídeas

shovel
una pala

poppy
una amapola

sunflower
un girasol

umbrella pine tree
un pino piñonero

fir tree
un abeto

yard
un jardín

shed
un cobertizo

pergola
una pérgola

patio
una terraza

bird feeder
un comedero de
pájaros

tulip
un tulipán

pond
un estanque

nest
un nido

pine needles
unas agujas de pino

hedge
un seto

lawn
el césped

wheelbarrow
una carretilla

crocus
la flor del azafrán

weeping willow tree
un sauce llorón

14

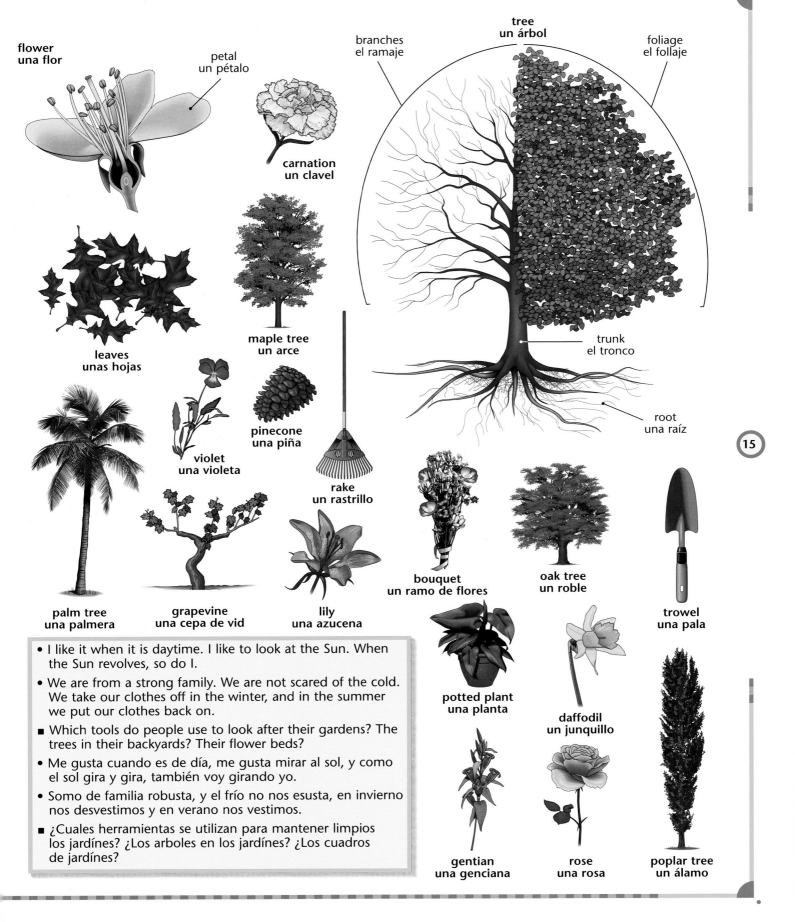

**flower**
una flor

petal
un pétalo

**carnation**
un clavel

**tree**
un árbol

branches
el ramaje

foliage
el follaje

**leaves**
unas hojas

**maple tree**
un arce

trunk
el tronco

root
una raíz

**palm tree**
una palmera

**violet**
una violeta

**pinecone**
una piña

**rake**
un rastrillo

**grapevine**
una cepa de vid

**lily**
una azucena

**bouquet**
un ramo de flores

**oak tree**
un roble

**trowel**
una pala

**potted plant**
una planta

**daffodil**
un junquillo

**gentian**
una genciana

**rose**
una rosa

**poplar tree**
un álamo

15

- I like it when it is daytime. I like to look at the Sun. When the Sun revolves, so do I.
- We are from a strong family. We are not scared of the cold. We take our clothes off in the winter, and in the summer we put our clothes back on.
- Which tools do people use to look after their gardens? The trees in their backyards? Their flower beds?
- Me gusta cuando es de día, me gusta mirar al sol, y como el sol gira y gira, también voy girando yo.
- Somo de familia robusta, y el frío no nos esusta, en invierno nos desvestimos y en verano nos vestimos.
- ¿Cuales herramientas se utilizan para mantener limpios los jardínes? ¿Los arboles en los jardínes? ¿Los cuadros de jardínes?

# Animals – Los animales

crab
un cangrejo

dragonfly
una libélula

bird
un pájaro

beak
el pico

hummingbird
un colibrí

stork
una cigüeña

wing
una ala

caterpillar
una oruga

lion
un león

tail
la cola

claw
una garra

zebra
una cebra

Siamese cat
un gato siamés

snail
un caracol

platypus
un ornitorrinco

whale
una ballena

spider
una araña

deer
un venado

parrot
un papagayo

bull
un toro

chick
un pollito

hen
una gallina

llama
una llama

- I'm a worm — but you'll soon see me grow wings and fly.
- Of all four-legged animals, I'm the fastest!
- I change color to match my surroundings. Green among leaves, I blush bright red among crimson flowers!
- Soy una lombríz — pero pronto me verás crecer alas y volar.
- De todos los animales de cuatro patas, soy el más rapido y veloz.
- ¡Cambio de colores para esconderme en mis alrededores, verde entre las hojas, me pongo bien colorado entre las flores rojas!

16

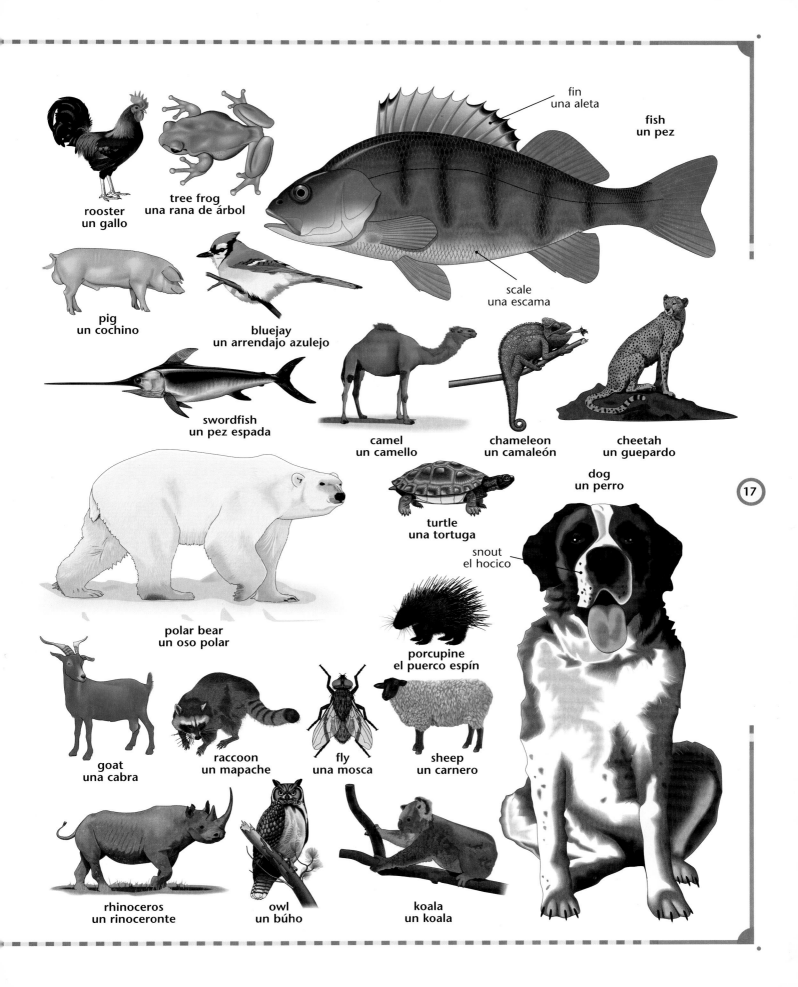

rooster
un gallo

tree frog
una rana de árbol

fin
una aleta

fish
un pez

scale
una escama

pig
un cochino

bluejay
un arrendajo azulejo

swordfish
un pez espada

camel
un camello

chameleon
un camaleón

cheetah
un guepardo

dog
un perro

turtle
una tortuga

snout
el hocico

polar bear
un oso polar

porcupine
el puerco espín

goat
una cabra

raccoon
un mapache

fly
una mosca

sheep
un carnero

rhinoceros
un rinoceronte

owl
un búho

koala
un koala

17

grasshopper
un saltamontes

honeybee
una abeja

head
la cabeza

antenna
una antena

ladybug
una catarina

flamingo
un flamenco

leg
una pata

pollen basket
el saco de polen

turkey
un pavo

ostrich
un avestruz

pigeon
una paloma

skunk
un zorrillo

18

cow
una vaca

duck
un pato

butterfly
una mariposa

cobra
una cobra

tuna
un atún

cat
un gato

whiskers
los bigotes

earthworm
una lombriz

frog
una rana

iguana
una iguana

chimpanzee
un chimpancé

moose
un alce del Canadá

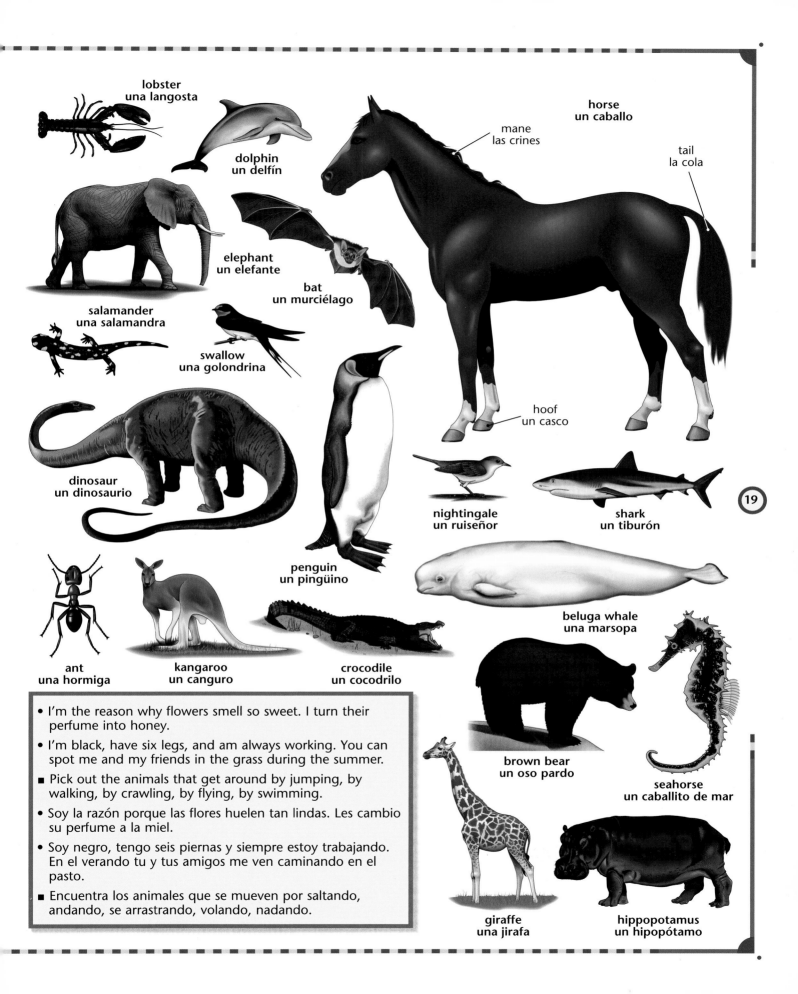

lobster
una langosta

dolphin
un delfín

horse
un caballo

mane
las crines

tail
la cola

elephant
un elefante

bat
un murciélago

salamander
una salamandra

swallow
una golondrina

hoof
un casco

dinosaur
un dinosaurio

penguin
un pingüino

nightingale
un ruiseñor

shark
un tiburón

19

ant
una hormiga

kangaroo
un canguro

crocodile
un cocodrilo

beluga whale
una marsopa

brown bear
un oso pardo

seahorse
un caballito de mar

• I'm the reason why flowers smell so sweet. I turn their perfume into honey.

• I'm black, have six legs, and am always working. You can spot me and my friends in the grass during the summer.

■ Pick out the animals that get around by jumping, by walking, by crawling, by flying, by swimming.

• Soy la razón porque las flores huelen tan lindas. Les cambio su perfume a la miel.

• Soy negro, tengo seis piernas y siempre estoy trabajando. En el verando tu y tus amigos me ven caminando en el pasto.

■ Encuentra los animales que se mueven por saltando, andando, se arrastrando, volando, nadando.

giraffe
una jirafa

hippopotamus
un hipopótamo

# Earth and Sky – La tierra y el cielo

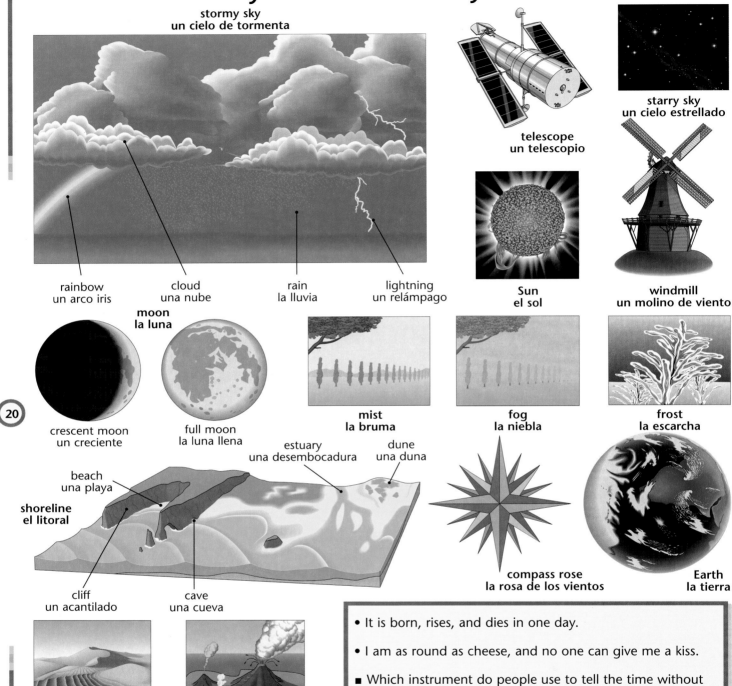

**stormy sky**
**un cielo de tormenta**

rainbow
un arco iris

cloud
una nube

rain
la lluvia

lightning
un relámpago

telescope
un telescopio

**starry sky**
**un cielo estrellado**

Sun
el sol

windmill
un molino de viento

**moon**
**la luna**

crescent moon
un creciente

full moon
la luna llena

**mist**
**la bruma**

**fog**
**la niebla**

**frost**
**la escarcha**

estuary
una desembocadura

dune
una duna

beach
una playa

**shoreline**
**el litoral**

cliff
un acantilado

cave
una cueva

**compass rose**
**la rosa de los vientos**

Earth
la tierra

**20**

desert
un desierto de arena

volcano
un volcán

tropical rain forest
la selva trópico

mixed forest
un bosque

- It is born, rises, and dies in one day.

- I am as round as cheese, and no one can give me a kiss.

■ Which instrument do people use to tell the time without looking at a watch or clock, to take pictures of Earth or the oceans, to turn wind into energy?

- Nace, crece y muere en un día.

- Soy redonda como un queso, y nadie puede beso me.

■ ¿Qué instrumento utilizamos para saber la hora sin reloj, fotografiar la tierra y los océanos y captar la energía del viento?

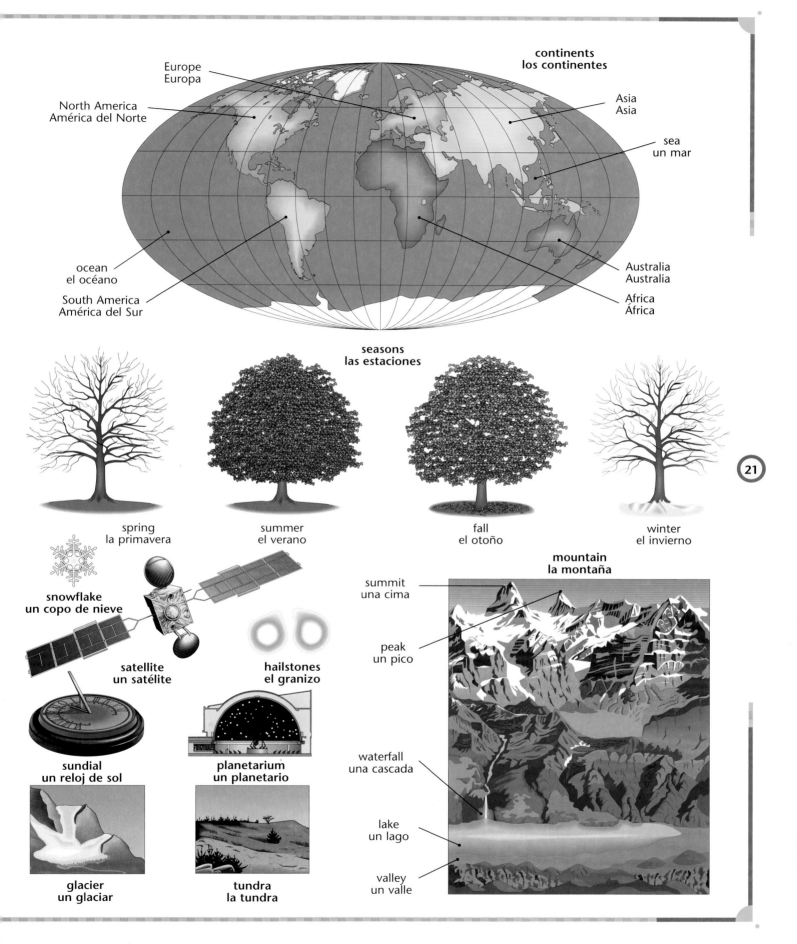

**continents**
**los continentes**

Europe
Europa

North America
América del Norte

Asia
Asia

sea
un mar

ocean
el océano

South America
América del Sur

Australia
Australia

África
África

**seasons**
**las estaciones**

spring
la primavera

summer
el verano

fall
el otoño

winter
el invierno

snowflake
un copo de nieve

satellite
un satélite

hailstones
el granizo

sundial
un reloj de sol

planetarium
un planetario

glacier
un glaciar

tundra
la tundra

**mountain**
**la montaña**

summit
una cima

peak
un pico

waterfall
una cascada

lake
un lago

valley
un valle

# Transportation – Los medios de transporte

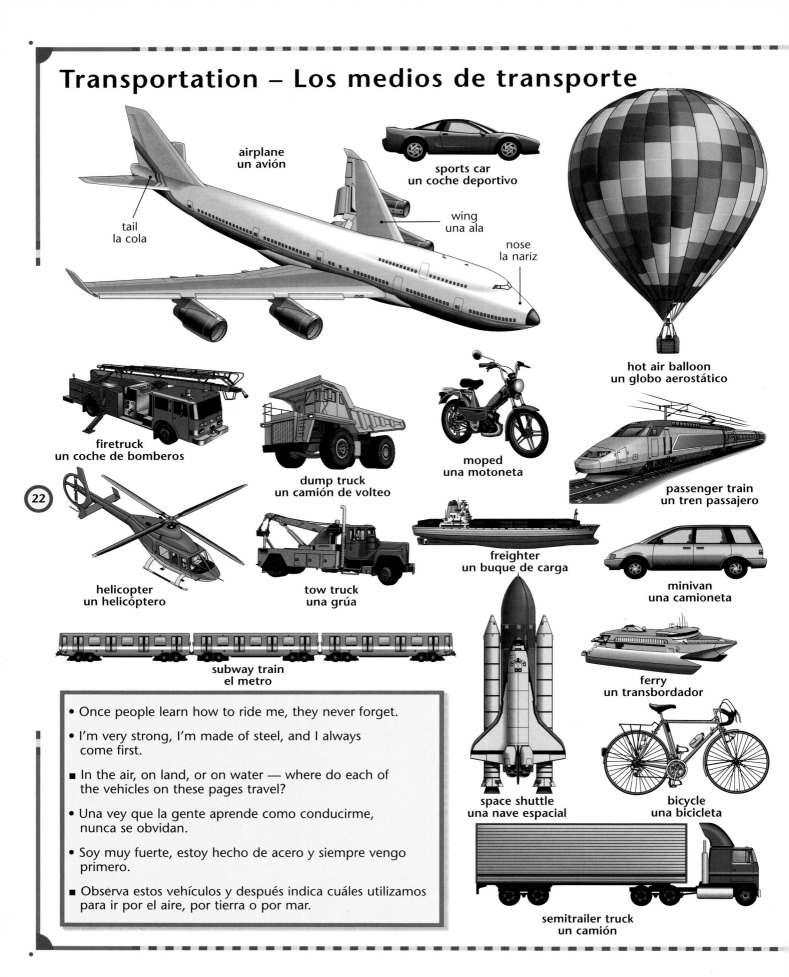

airplane
un avión

tail
la cola

wing
una ala

nose
la nariz

sports car
un coche deportivo

hot air balloon
un globo aerostático

firetruck
un coche de bomberos

dump truck
un camión de volteo

moped
una motoneta

passenger train
un tren passajero

helicopter
un helicóptero

tow truck
una grúa

freighter
un buque de carga

minivan
una camioneta

subway train
el metro

ferry
un transbordador

- Once people learn how to ride me, they never forget.

- I'm very strong, I'm made of steel, and I always come first.

■ In the air, on land, or on water — where do each of the vehicles on these pages travel?

- Una vey que la gente aprende como conducirme, nunca se obvidan.

- Soy muy fuerte, estoy hecho de acero y siempre vengo primero.

■ Observa estos vehículos y después indica cuáles utilizamos para ir por el aire, por tierra o por mar.

space shuttle
una nave espacial

bicycle
una bicicleta

semitrailer truck
un camión

22

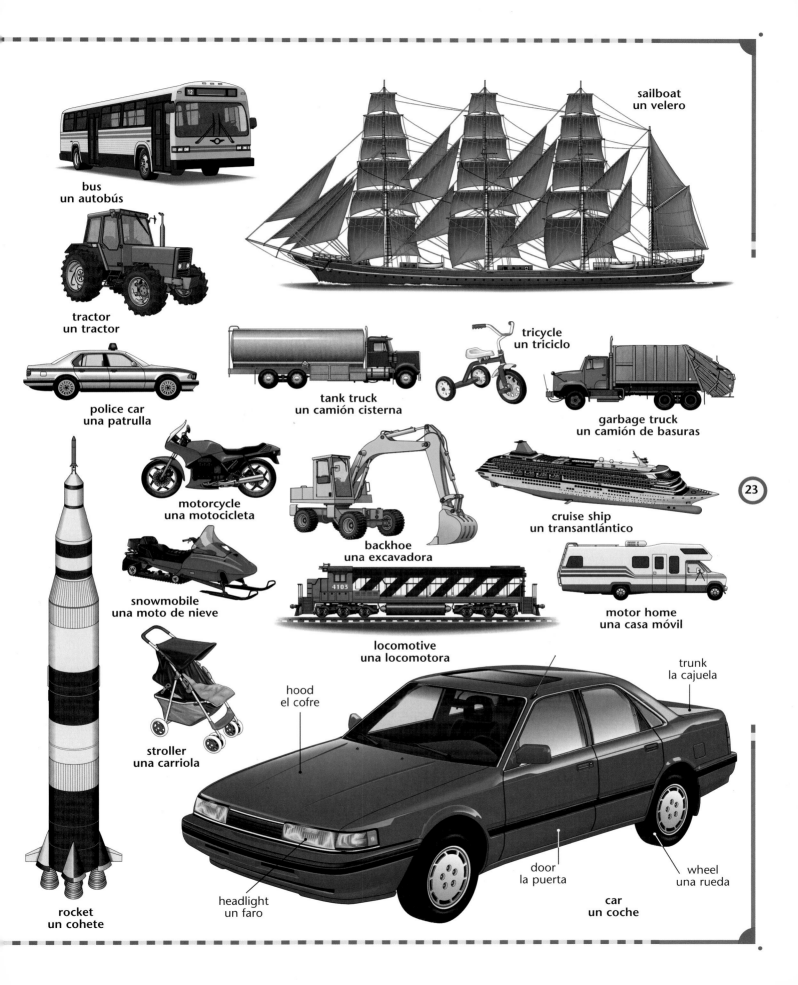

bus
un autobús

sailboat
un velero

tractor
un tractor

police car
una patrulla

tank truck
un camión cisterna

tricycle
un triciclo

garbage truck
un camión de basuras

motorcycle
una motocicleta

backhoe
una excavadora

cruise ship
un transantlántico

snowmobile
una moto de nieve

locomotive
una locomotora

motor home
una casa móvil

rocket
un cohete

stroller
una carriola

hood
el cofre

trunk
la cajuela

door
la puerta

headlight
un faro

wheel
una rueda

car
un coche

23

# Homes and Buildings – Las viviendas y los edificios

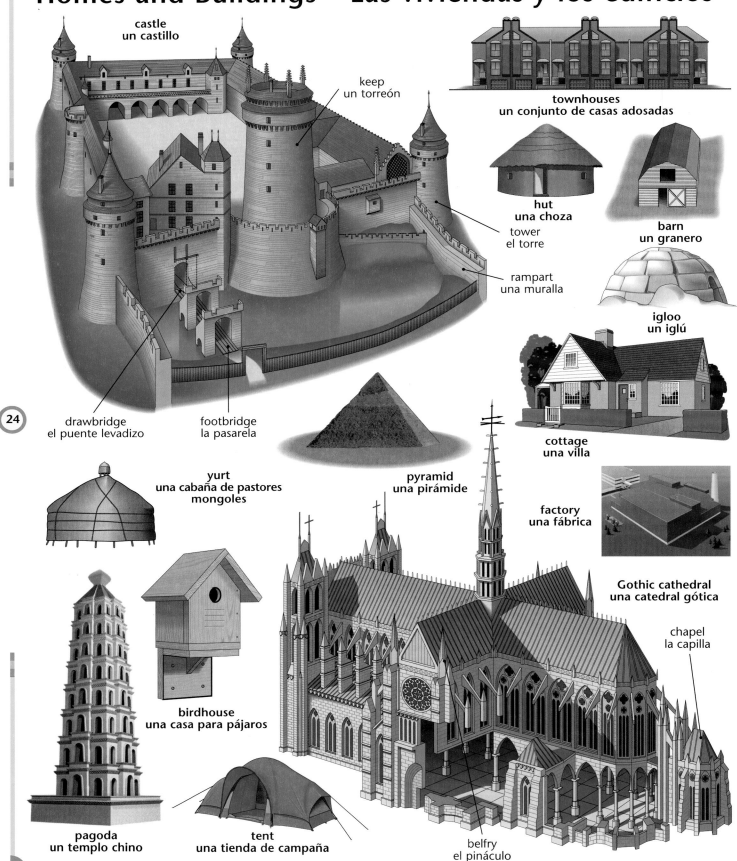

**castle**
un castillo

**keep**
un torreón

**townhouses**
un conjunto de casas adosadas

**hut**
una choza

**barn**
un granero

**tower**
el torre

**rampart**
una muralla

**igloo**
un iglú

**drawbridge**
el puente levadizo

**footbridge**
la pasarela

**cottage**
una villa

**yurt**
una cabaña de pastores mongoles

**pyramid**
una pirámide

**factory**
una fábrica

**Gothic cathedral**
una catedral gótica

**chapel**
la capilla

**birdhouse**
una casa para pájaros

**pagoda**
un templo chino

**tent**
una tienda de campaña

**belfry**
el pináculo

24

window
una ventana

roof
el tejado

chimney
la chimenea

house
una casa

apartment building
un edificio de departamentos

single-family home
una casa

garage
el garaje

door
la puerta

doghouse
la casita del perro

Greek temple
un templo griego

25

pup tent
una casa de campaña

trailer
un remolque

pile dwelling
un palafito

duplex
las casas dúplex

tepee
un tipi

cave
una cueva

- I'm always high and dry, thanks to my wooden stilts.

- My cone-shaped roof provides warmth and shelter on the prairie.

■ Four of the homes on these pages are for animals. Can you pick them out?

- Siempre estoy alto y seco, gracias a mis yancos de madera.

- Mi techo cónico provee calor moderado y guardia en la pradera.

■ Cuatro de estas casas están construidas para los animales. ¿Cuáles son?

high-rise apartment building
un edificio de pisos

office tower
un rascacielos

# Furnishings – Los muebles

**linen chest**
**un cofre**

**bean-bag chair**
**una silla cojín**

headboard
la cabecera de la cama

bed
una cama

pillow
la almohada

**rocking chair**
**una mecedora**

**leather arm chair**
**un sillón de cuero**

box spring
el somier

mattress
el colchón

**gate**
**una reja infantil**

**stool**
**un banquillo**

**humidifier**
**un humidificador**

**dresser**
**una cómoda**

**wing chair**
**una butaca**

**writing desk**
**un escritorio**

**love seat**
**un sofá**

**folding door**
**una puerta acordeón**

**folding chairs**
**unas sillas plegables**

**fireplace**
**una chimenea**

**floor lamp**
**una lámpara de pie**

**table**
**una mesa**

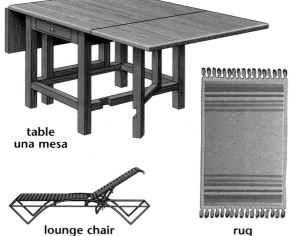

**lounge chair**
**una silla de salón**

**rug**
**una alfombra**

- Under our glass, fabric, or metal hats, we light up your rooms.

- If you are sad, come snuggle between my arms. I'll be happy to rock you.

■ Which furniture items have legs? Which have feet?

- Abajo de nuestros sombreros de vidrio, tela o metal alumbramos sus cuartos.

- Si estás triste ven y duermete abrigado entre mis brazos. Será mi placer a mecerte.

■ ¿Cuales muebles tienen pies? ¿Y cuales tienen patas?

**Empire-style sofa**
**un sofá estilo imperio**

**shutters**
**las contraventanas**

**curtains**
**unas cortinas**

**table lamp**
**una lámpara**

lamp shade
la pantalla

base
la base

**venetian blind**
**una persiana veneciana**

**grandfather clock**
**un reloj de pie**

**high chair**
**una periquera**

**ceiling fixture**
**una lámpara de techo**

**folding door**
**una puerta plegable**

**china cabinet**
**una vitrina**

**chair**
**una silla**

back
el espalda

seat
el asiento

**door**
**una puerta**

**crib**
**una cuna**

**coatrack**
**un perchero**

27

**sofa**
**un sofá de tres plazas**

**bench**
**un banco**

rung
un travesaño

**liquor cabinet**
**un mueble bar**

leg
una pata

**chandelier**
**una araña de luces**
**o candelero**

**ottoman**
**un puf**

**armoire**
**un armario**

# Kitchen – La cocina

cookie cutters
unos moldes de galletas

rolling pin
un rodillo de cocina

muffin pan
un molde para pastelitos

whisk
un batidor

frying pan
un sartén

blender
una licuadora

freezer compartment
el congelador

door
una puerta

microwave oven
un microondas

citrus juicer
un exprimidor

coffee press
una cafetera

measuring cup
un vaso de medidas

kitchen towel
un trapo de cocina

hand mixer
una batidora de mano

vegetable steamer
un utensilio para cocinar al vapor

wine glass
una copa de vino

shelf
el cestante

crisper
el cajón de la verdura

refrigerator
el refrigerador

grater
un rallador

toaster
un tostador

stove
una estufa

control knob
un botón de la estufa

stock pot
una olla

hand towel
una toalla de manos

teakettle
una tetera

oven
el horno

drawer
el cajón

mixing bowls
unos tazones

soup tureen
una sopera

soup bowl
un plato hondo de sopa

apron
un delantal

colander
un colador

butter dish
una mantequillera

funnel
un embudo

(29)

oven mitt
una manopla

decanter
una garrafa

coffee cup
una taza de café

footstool
un taburete

vegetable brush
el cepillo de la verdura

ladle
un cucharón

ice cream scoop
una cuchara de helado

peeler
un pelapapas

knife
un cuchillo

corkscrew
un sacacorchos

- I'm good at counting by twos and am very popular at breakfast time.

- Don't rub me the wrong way!

■ We all have plugs. Can you find us?

- Soy bueno para contar de dos a dos, y soy muy popular en el desayuno.

- ¡No me frotes a contrapelo!

■ Todos nosotros tenemos cuerdas electricas. ¿Nos pireden encontrar?

# Bathroom – El baño

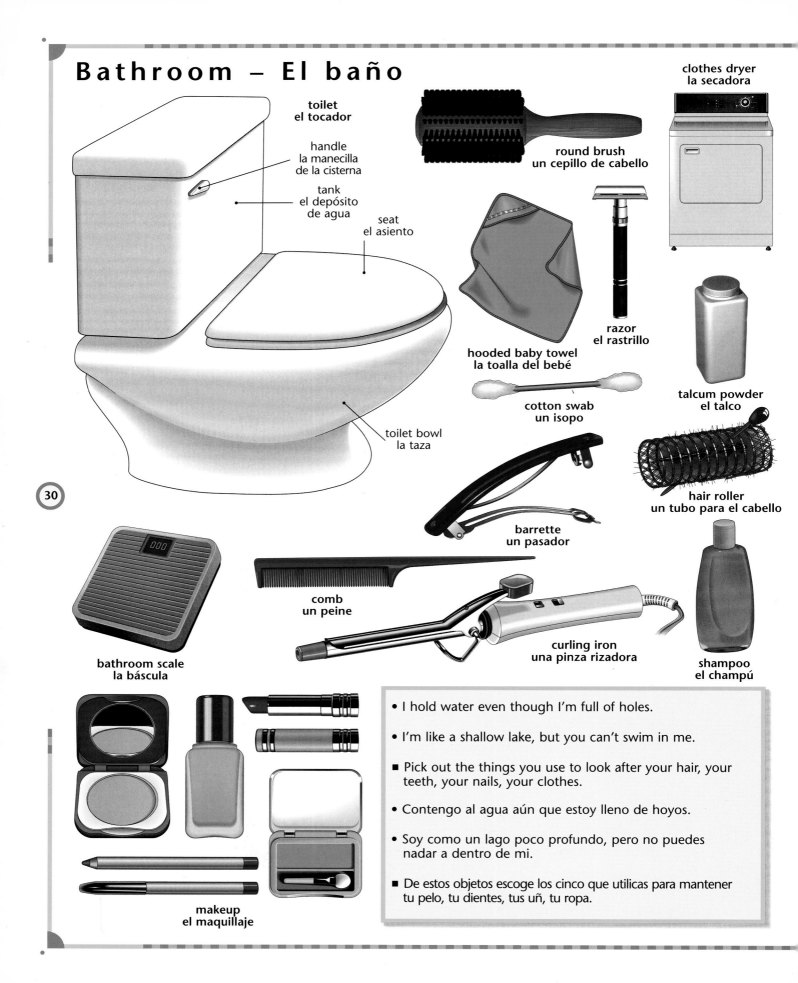

**toilet**
**el tocador**

handle
la manecilla
de la cisterna

tank
el depósito
de agua

seat
el asiento

toilet bowl
la taza

**round brush**
**un cepillo de cabello**

**clothes dryer**
**la secadora**

**razor**
**el rastrillo**

**hooded baby towel**
**la toalla del bebé**

**cotton swab**
**un isopo**

**talcum powder**
**el talco**

**hair roller**
**un tubo para el cabello**

**barrette**
**un pasador**

**bathroom scale**
**la báscula**

**comb**
**un peine**

**curling iron**
**una pinza rizadora**

**shampoo**
**el champú**

**makeup**
**el maquillaje**

- I hold water even though I'm full of holes.

- I'm like a shallow lake, but you can't swim in me.

■ Pick out the things you use to look after your hair, your teeth, your nails, your clothes.

- Contengo al agua aún que estoy lleno de hoyos.

- Soy como un lago poco profundo, pero no puedes nadar a dentro de mi.

■ De estos objetos escoge los cinco que utilicas para mantener tu pelo, tu dientes, tus uñ, tu ropa.

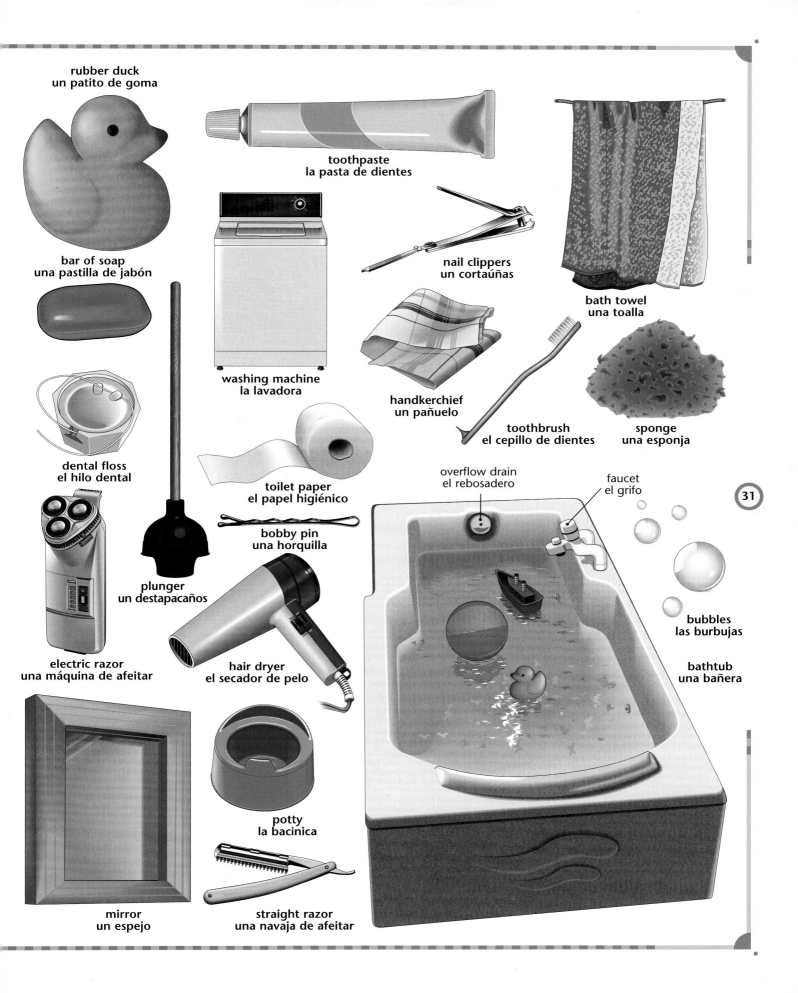

rubber duck
un patito de goma

toothpaste
la pasta de dientes

nail clippers
un cortaúñas

bath towel
una toalla

bar of soap
una pastilla de jabón

washing machine
la lavadora

handkerchief
un pañuelo

sponge
una esponja

dental floss
el hilo dental

toilet paper
el papel higiénico

toothbrush
el cepillo de dientes

overflow drain
el rebosadero

faucet
el grifo

bobby pin
una horquilla

plunger
un destapacaños

electric razor
una máquina de afeitar

hair dryer
el secador de pelo

bubbles
las burbujas

bathtub
una bañera

potty
la bacinica

mirror
un espejo

straight razor
una navaja de afeitar

31

# School – La escuela

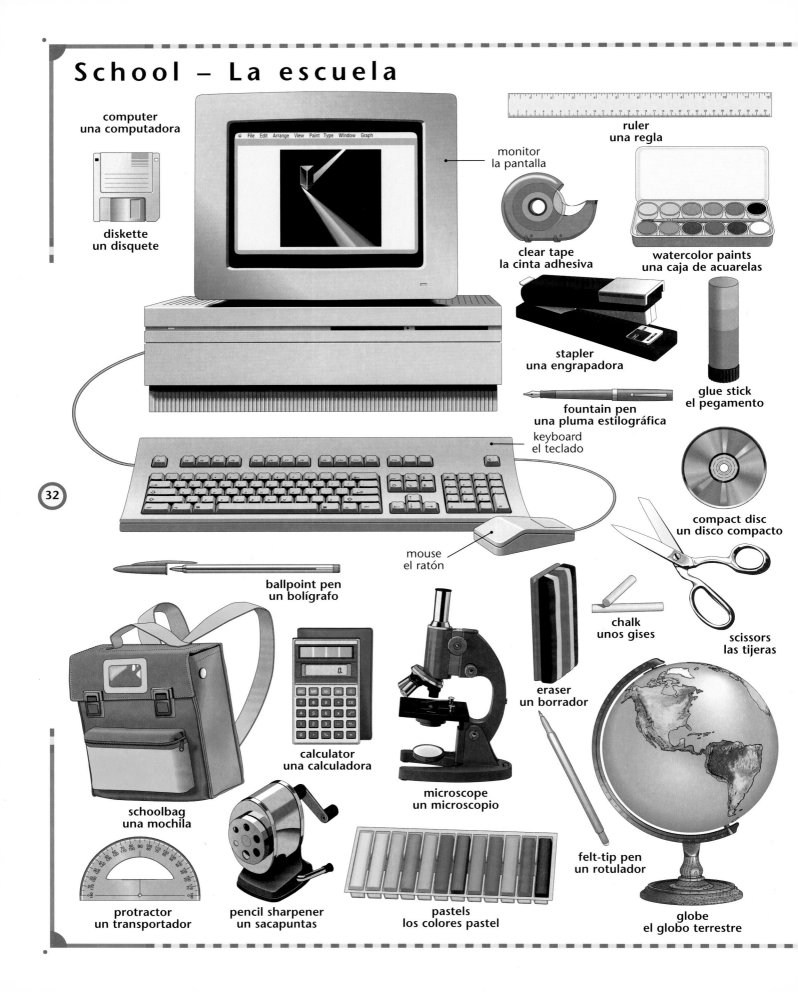

computer
una computadora

diskette
un disquete

monitor
la pantalla

ruler
una regla

clear tape
la cinta adhesiva

watercolor paints
una caja de acuarelas

stapler
una engrapadora

glue stick
el pegamento

fountain pen
una pluma estilográfica

keyboard
el teclado

compact disc
un disco compacto

mouse
el ratón

ballpoint pen
un bolígrafo

chalk
unos gises

scissors
las tijeras

eraser
un borrador

schoolbag
una mochila

calculator
una calculadora

microscope
un microscopio

globe
el globo terrestre

felt-tip pen
un rotulador

protractor
un transportador

pencil sharpener
un sacapuntas

pastels
los colores pastel

# alphabet • el alfabeto

# A B C D E F G H
# I J K L M N O P Q R
# S T U V W X Y Z

**thumb tacks and push pins**
**unas chinches**

**set square**
**una escuadra**

**notepad**
**un bloc de notas**

**stopwatch**
**un cronómetro**

**boombox**
**una grabadora**

**blackboard**
**el pizarrón**

**highlighter**
**un rotulador fluorescente**

**pencil**
**un lápiz**

**slide projector**
**un proyector de diapositivas**

**book**
**un libro**

**eraser**
**una goma**

**briefcase**
**un portafolios**

**paper clips**
**unos clips**

- I'm great for reading fine print.

- Although there are only 26 of us, you can make us into an endless number of words.

- Pick out some things on these pages that are often used together.

- Soy excelente para leer el escrito pequeño.

- Arín que solamente somos 26, puedes formarnos en innumerables palabras.

- Asocia los objetos que normalmente se utilizan juntos.

**magnifying glass**
**una lupa**

**colored pencils**
**unos lápices de colores**

33

# Numbers, Colors, and Shapes – Las cifras, los colores y las formas

**one cow**
**una vaca**

**two tractors**
**dos tractores**

**three dresses**
**tres vestidos**

**four hot air balloons**
**cuatro globos**

**five chicks**
**cinco pollitos**

**six birds**
**seis pájaros**

**seven candies**
**siete dulces**

**eight umbrellas**
**ocho paraguas**

**nine apples**
**nueve manzanas**

**ten balls**
**diez pelotas**

34

- We are the three colors of traffic lights. One of us means "stop," one means "get ready to stop," and the third means "go." Can you name us?

■ Are there more candies or more balls?

■ Name the colors of the following mixtures: raspberry juice and blueberry juice; black soot on a pair of white figure skates; yellow paint and blue paint.

- Somos los tres colores de la calle. Uno dice "párate," otro "cuidado," y el último "cruza." ¿Puedes nombrarnos?

■ ¿Qué hay más candies o pelotas?

■ Adivina el color: de un jugo de frambuesas con arándano, de una mota de hollín un par de patines blancos, o de la mezcla de pintura amarilla con pintura azul.

mixing colors • colores el mezclarse

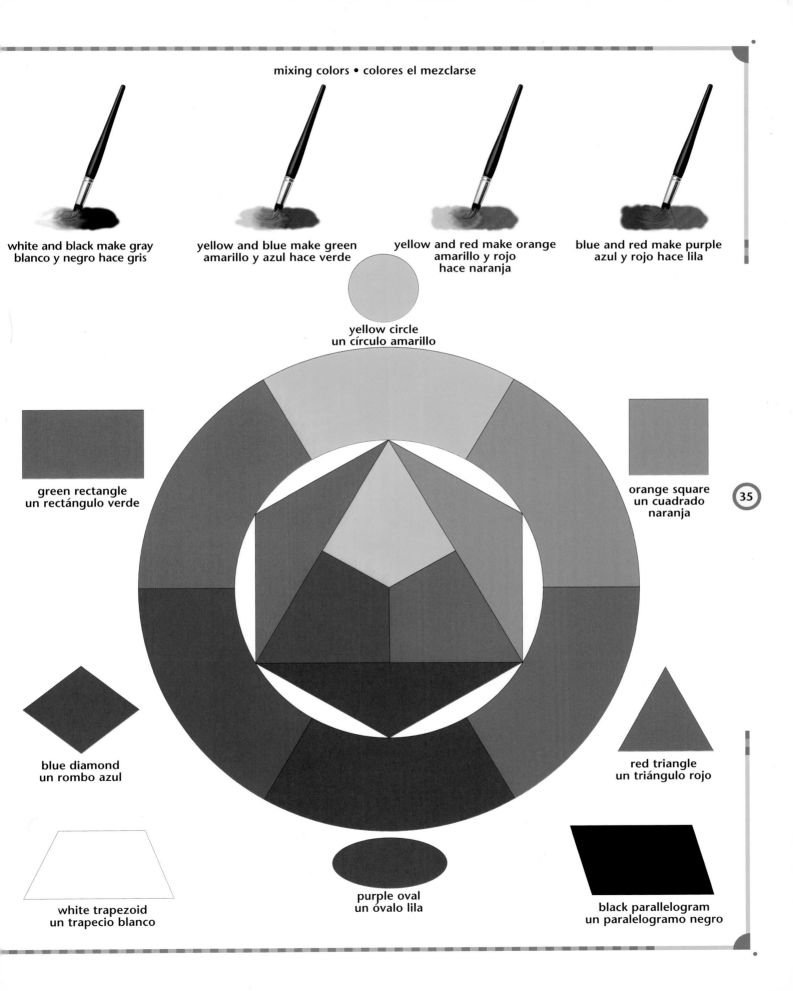

white and black make gray
blanco y negro hace gris

yellow and blue make green
amarillo y azul hace verde

yellow and red make orange
amarillo y rojo
hace naranja

blue and red make purple
azul y rojo hace lila

yellow circle
un círculo amarillo

green rectangle
un rectángulo verde

orange square
un cuadrado
naranja

blue diamond
un rombo azul

red triangle
un triángulo rojo

white trapezoid
un trapecio blanco

purple oval
un óvalo lila

black parallelogram
un paralelogramo negro

# Everyday Objects – Los objetos familiares

toolbox
una caja de herramientas

screwdriver
un desatornillador

cane
un bastón

earrings
los aretes

speakers
los altavoces

spray bottle
un vaporizador

paint roller
un rodillo

hammer
un martillo

wallet
una cartera

disposable camera
una cámara desechable

remote control
el control remoto

duffel bag
una bolsa de viaje

stepladder
una escalera

sunglasses
unos lentes de sol

audiotape
un casete

pendant
un pendiente

compass
una brújula

pay phone
un teléfono público

canteen
una cantimplora

video camera
una cámara de vídeo

backpack
una mochila

coin purse
un monedero

hand vacuum cleaner
una aspiradora

paintbrush
una brocha

sewing machine
una máquina de coser

compact disc player
un lector de disco compacto

rubber band
una sortija de bodas

television set
la televisión

36

camera
una cámara fotográfica

camera base
la caja

lens
el objetivo

umbrella
un paraguas

battery
una pila

box of matches
una caja de cerillos

trunk
un baúl

iron
una plancha

ring
un anillo

Walkman
un walkman

eyeglasses
unos lentes

flashlight
una linterna

electric drill
un taladro

videocassette recorder
la video

suitcase
una maleta

roll of film
un carrete

first aid kit
un botiquín

key case
un llavero

watering can
una regadera

telephone
un teléfono

• I never lose my bearings.

• My job is so colorful, I'm bristling with pleasure!

■ Almost none of the things on these pages existed a hundred years ago. Name three inventions that you wouldn't want to do without, and explain your choices.

• Yo nunco me confundo de direción.

• ¡Mi trabajo está tan lleno de colores, hasta mis pelusas se llenan de color!

■ Casi de estas cosas existía hace cien años. Escoge tres inventos de los que no podrías prescindir y explica el porqué.

vacuum cleaner
una aspiradora

shoulder bag
una bolsa

# Music – La música

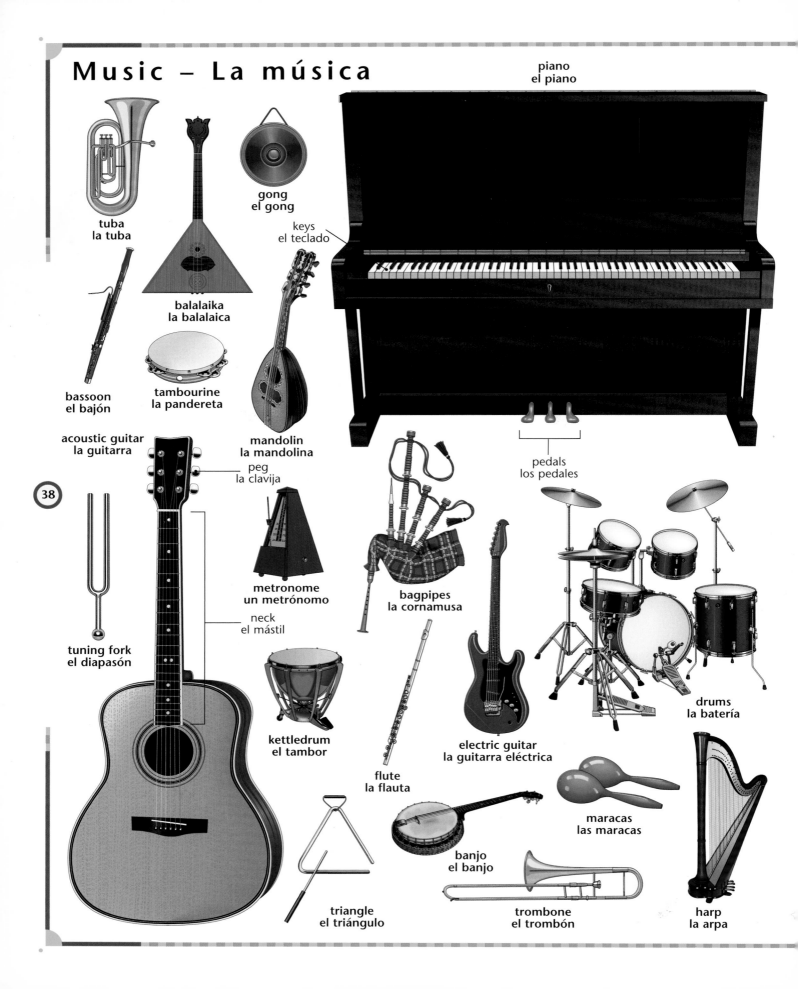

tuba
la tuba

gong
el gong

piano
el piano

bassoon
el bajón

balalaika
la balalaica

tambourine
la pandereta

keys
el teclado

acoustic guitar
la guitarra

mandolin
la mandolina

peg
la clavija

pedals
los pedales

38

tuning fork
el diapasón

metronome
un metrónomo

neck
el mástil

bagpipes
la cornamusa

drums
la batería

kettledrum
el tambor

electric guitar
la guitarra eléctrica

flute
la flauta

maracas
las maracas

triangle
el triángulo

banjo
el banjo

trombone
el trombón

harp
la arpa

panpipe
la flauta de Pan

violin
el violín

bow
el arco

mouthpiece
la boquilla

saxophone
el saxofón

key lever
la palanca

mute
la sordina

French horn
el corno francés

bells
los cascabeles

lyre
la lira

accordion
el acordeón

drumsticks
el palillo de tambor

harmonica
la armónica

castanets
las castañuelas

39

pick
la uña

piccolo
el flautín

zither
la cítara

cymbals
los platillos

xylophone
el xilófono

clarinet
el clarinete

trumpet
la trompeta

recorder
la flauta dulce

- We look like twin doorknobs and rattle when you shake us.

■ Which instruments have strings that you pluck to make music?

■ Do you know of any instruments that you beat to play?

- Nos parecemos como unas manecillas gemelas, para abrir las puertas. Hacemos ruido cuando nos sacudes.

■ ¿A cuáles instrumentos les tienes que jalar las cuerdas para tocarlos?

■ ¿Conoces a cuáles instrumentos les tienes que pegar para tocarlos?

bass guitar
el bajo

music stand
el atril

grand piano
el piano de cola

# Sports – Los deportes

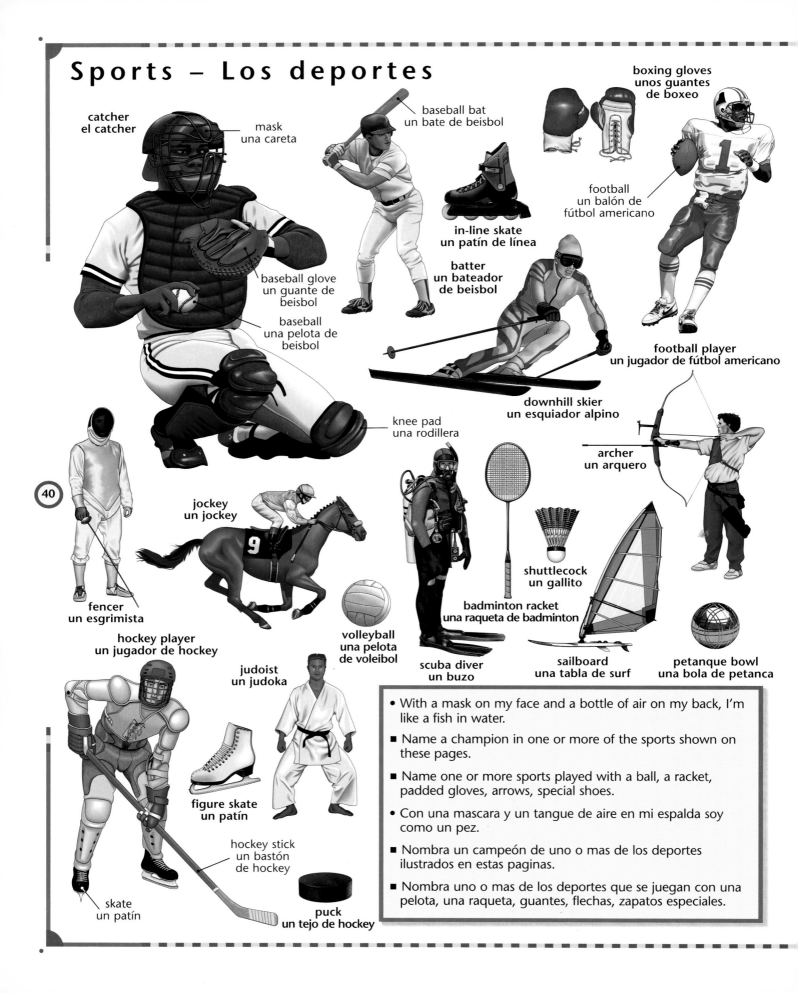

catcher
el catcher

mask
una careta

baseball bat
un bate de beisbol

boxing gloves
unos guantes
de boxeo

baseball glove
un guante de
beisbol

baseball
una pelota de
beisbol

in-line skate
un patín de línea

football
un balón de
fútbol americano

batter
un bateador
de beisbol

knee pad
una rodillera

downhill skier
un esquiador alpino

football player
un jugador de fútbol americano

archer
un arquero

jockey
un jockey

fencer
un esgrimista

hockey player
un jugador de hockey

volleyball
una pelota
de voleibol

shuttlecock
un gallito

badminton racket
una raqueta de badminton

scuba diver
un buzo

sailboard
una tabla de surf

petanque bowl
una bola de petanca

40

judoist
un judoka

figure skate
un patín

hockey stick
un bastón
de hockey

skate
un patín

puck
un tejo de hockey

- With a mask on my face and a bottle of air on my back, I'm like a fish in water.

■ Name a champion in one or more of the sports shown on these pages.

■ Name one or more sports played with a ball, a racket, padded gloves, arrows, special shoes.

- Con una mascara y un tangue de aire en mi espalda soy como un pez.

■ Nombra un campeón de uno o mas de los deportes ilustrados en estas paginas.

■ Nombra uno o mas de los deportes que se juegan con una pelota, una raqueta, guantes, flechas, zapatos especiales.

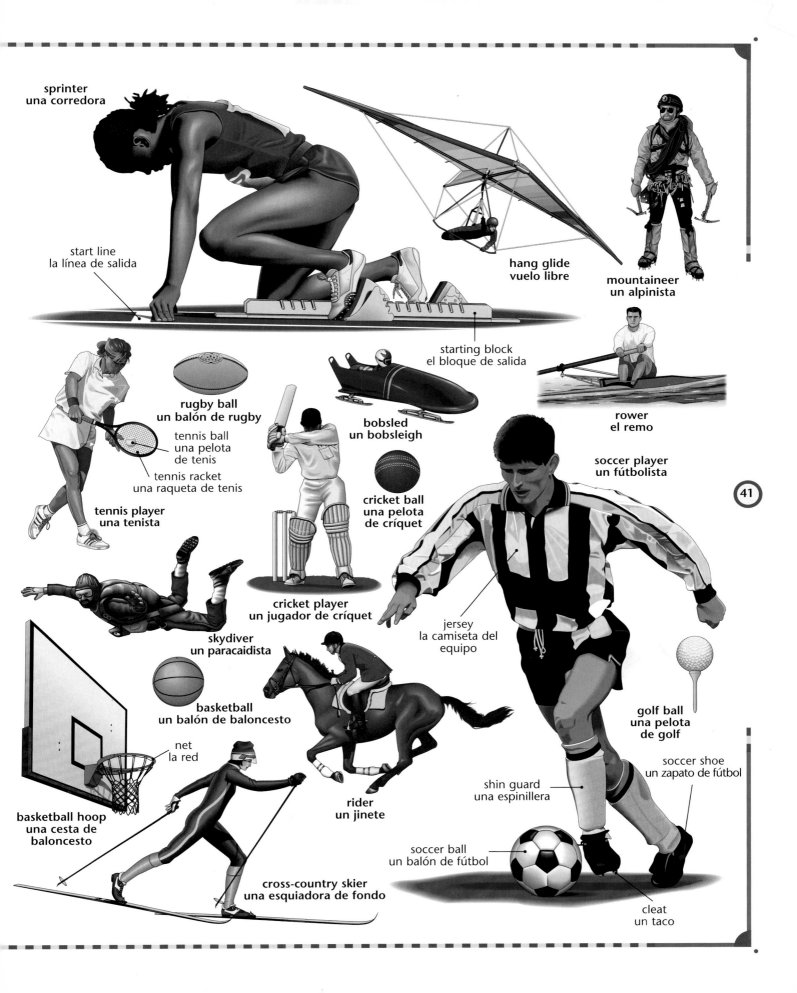

sprinter
una corredora

start line
la línea de salida

hang glide
vuelo libre

mountaineer
un alpinista

starting block
el bloque de salida

rugby ball
un balón de rugby

tennis ball
una pelota
de tenis

tennis racket
una raqueta de tenis

tennis player
una tenista

bobsled
un bobsleigh

rower
el remo

cricket ball
una pelota
de críquet

soccer player
un fútbolista

cricket player
un jugador de críquet

skydiver
un paracaidista

jersey
la camiseta del
equipo

basketball
un balón de baloncesto

net
la red

golf ball
una pelota
de golf

rider
un jinete

soccer shoe
un zapato de fútbol

shin guard
una espinillera

basketball hoop
una cesta de
baloncesto

soccer ball
un balón de fútbol

cross-country skier
una esquiadora de fondo

cleat
un taco

41

# Games and Toys – Los juegos y los juguetes

video game
un videojuego

visual display
la pantalla

teddy bear
un osito de peluche

teething ring
una mordedera

dominoes
unos dominós

crayons
unos lápices de cera

toy garage
un garaje de juguete

toy cars
unos cochecitos
de juguete

game cartridge
el cartucho

control pad
el control

rocking horse
un caballito balancín

top
una peonza

backgammon
un bagamon

checkers
un juego de damas

modeling clay
la arcilla
el modelar

die
un dado

toy dog
un perrito andador
de juguete

tape recorder
una grabadora

mobile
un móvil

dart game
un juego de dardos

building blocks
unas piezas de construcción

ball
un balón

toy train
un tren de juguete

xylophone
un xilófono

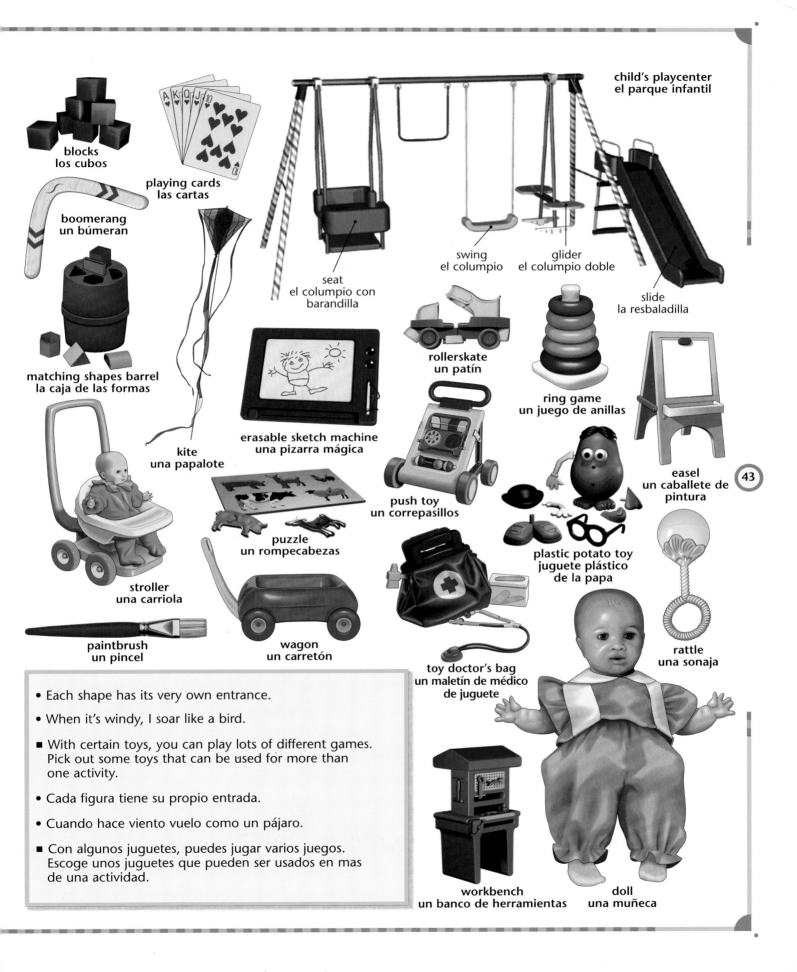

blocks
los cubos

playing cards
las cartas

boomerang
un búmeran

matching shapes barrel
la caja de las formas

kite
una papalote

erasable sketch machine
una pizarra mágica

seat
el columpio con
barandilla

swing
el columpio

glider
el columpio doble

child's playcenter
el parque infantil

slide
la resbaladilla

rollerskate
un patín

ring game
un juego de anillas

easel
un caballete de
pintura

push toy
un correpasillos

puzzle
un rompecabezas

stroller
una carriola

paintbrush
un pincel

wagon
un carretón

toy doctor's bag
un maletín de médico
de juguete

plastic potato toy
juguete plástico
de la papa

rattle
una sonaja

- Each shape has its very own entrance.

- When it's windy, I soar like a bird.

■ With certain toys, you can play lots of different games.
  Pick out some toys that can be used for more than
  one activity.

- Cada figura tiene su propio entrada.

- Cuando hace viento vuelo como un pájaro.

■ Con algunos juguetes, puedes jugar varios juegos.
  Escoge unos juguetes que pueden ser usados en mas
  de una actividad.

workbench
un banco de herramientas

doll
una muñeca

43

# Index (English to Spanish)

human body –
el cuerpo humano  4
humidifier – un humidificador  26
hummingbird – un colibrí  16
hunting cap – una gorra  6
hut – una choza  24

ice cream – unos helados  9
igloo – un iglú  24
iguana – una iguana  18
in front of – delante de  5
inside – dentro  5
iron – una plancha  37

jacket – una cazadora  7
jars – las jarras  8
jeans –
unos pantalones vaqueros  6
jersey – la camiseta del equipo  41
jockey – un jockey  40
jumping – saltando  5
jumpsuit – un mono afelpado  6

kangaroo – un canguro  19
ketchup – la catsup  9
kettledrum – el tambor  38
key case – un llavero  37
kitchen – la cocina  28
kitchen towel –
un trapo de cocina  28
kite – una papalote  43
kiwifruit – unos kiwis  12

ladle – un cucharón  29
ladybug – una catarina  18
larch tree – un alerce  14
laughing – ríendo  5
lawn mower –
una cortacésped  14
leaves – unas hojas  15
lemon – un limón  12
lettuce – una lechuga  11
lily – una azucena  15
lily of the valley – un muguete  14
limes – unas limas  13
linen chest – un cofre  26
lion – un león  15
liquor cabinet – un mueble bar  27
llama – una llama  16
lobster – una langosta  19
locomotive – una locomotora  23
lounge chair –
una silla de salón  26
love seat – un sofá  26
lyre – la lira  39

madeleines – unas magdalenas  9
magnifying glass – una lupa  33
makeup – el maquillaje  30
mangoes – unos mangos  13
maple tree – un arce  15
maracas – las maracas  38
metronome – un metrónomo  38
microscope – un microscopio  32
microwave oven –
un microondas  28
minivan – una camioneta  22
mirror – un espejo  31
mist – la bruma  20
mixed forest – un bosque  20
mixing bowls – unos tazones  29
mobile – un móvil  42
moccasin – un mocasín  7
modeling clay –
la arcilla el modelar  42
moon – la luna  20

moose – un alce del Canadá  18
moped – una motoneta  22
motor home – una casa móvil  23
motorcycle – una motocicleta  23
mountain – la montaña  21
mountaineer – un alpinista  41
mushrooms – unos hongos  14
music – la música  38
music stand – el atril  39
mute – la sordina  39

nail clippers – un cortaúñas  31
nasturtiums – una capuchina  11
necktie – una corbata  7
nectarine – una nectarina  13
nest – un nido  14
nightingale – un ruiseñor  19
notepad – un bloc de notas  33
numbers – las cifras  34
nut – una nuez  13

oak tree – un roble  15
objects – los objetos  36
office tower – un rascacielos  25
oil – el aceite  9
olive – una aceituna  11
on – encima  5
on top of – arriba  5
onion – una cebolla  10
orange – una naranja  13
orchids – unas orquídeas  14
ostrich – un avestruz  18
ottoman – un puf  27
oven mitt – una manopla  29
overalls – un maragüelles  7
owl – un búho  17

pagoda – un templo chino  24
paint roller – una rodillo  36
paintbrush – un brocha  36,
un pincel  43
pajamas – unas pijamas  7
palm tree – una palmera  15
panpipe – la flauta de pan  39
paper clips – unos clips  33
parrot – un papagayo  16
passion fruit –
la fruta de la pasión  13
pasta – la pasta  9
pay phone –
un teléfono público  36
peach – un durazno  12
pear – una pera  12
peeler – un pelapapas  29
pencil – un lápiz  33
pencil sharpener –
un sacapuntas  32
pendant – un pendiente  36
penguin – un pingüino  19
pepper shaker – un pimentero  8
peppers – unos pimientos  10
piano – el piano  38
piccolo – el flautín  39
pie – una tarta  9
pig – un cochino  17
pigeon – una paloma  18
pile dwelling – un palafito  25
pineapple – una piña  12
pinecone – una piña  15
pizza – una pizza  9
planetarium – un planetario  21
plant – una planta  14, 15
platypus – un ornitorrinco  16
playing cards – las cartas  43
polar bear – un oso polar  17
police car – una patrulla  23

pomegranates –
unas granadas  13
popcorn – las palomitas  8
poplar tree – un álamo  15
poppy – una amapola  14
porcupine – el puerco espín  17
potatoes – unas papas  11
potty – la bacinica  31
pretzel – un pretzel  8
protractor – un transportador  32
prune – una ciruela pasa  13
puck – un tejo de hockey  40
pumpkin – una calabaza  10
pup tent –
una casa de campaña  25
puzzle – un rompecabezas  43

raccoon – un mapache  17
radicchio –
una hoja de achicoria  11
radish – un rábano  10
raisins – unas pasas  13
rake – un rastrillo  15
raspberries – unas frambuesas  13
rattle – una sonaja  43
razor – el rastrillo  30
recorder – la flauta dulce  39
red cabbage – una col morada  11
refrigerator – el refrigerador  28
rhinoceros – un rinoceronte  17
rhubarb – el ruibarbo  12
rice – el arroz  9
rider – un jinete  41
riding boot –
una bota de montar  6
ring – un anillo  37
ring game –
un juego de anillas  43
rocket – un cohete  23
rocking chair – una mecedora  26
rocking horse –
un caballito balancín  42
rollerskate – un patín  43
rolling pin –
un rodillo de cocina  28
rompers – un bombacho  7
rooster – un gallo  17
rose – una rosa  15
rower – el remo  41
rubber band –
una sortija de bodas  36
rubber duck –
un patito de goma  31
rug – una alfombra  26
ruler – una regla  32
running – corríendo  5
running shoe –
un zapato deportivo  7

sailboard – una tabla de surf  40
sailboat – un velero  23
salad – la ensalada  9
salamander – una salamandra  19
salt shaker – un salero  8
sandal – una sandalia  7
sandwich – un sandwich  9
satellite – un satélite  21
sausage – una longaniza  8
saxophone – el saxofón  39
school – la escuela  32
schoolbag – una mochila  32
scissors – las tijeras  32
scuba diver – un buzo  40
seahorse – un caballito de mar  19
seasons – las estaciones  21
semitrailer truck – un camión  22

sewing machine –
una máquina de coser  36
shampoo – el champú  30
shapes – las formas  34
shark – un tiburón  19
sheep – un carnero  17
shelf – el cestante  28
shirt – una camisa  6,
una playera  7
shoreline – el litoral  20
shorts – un pantalón corto  7
shoulder bag – una bolsa  37
shouting – gritando  5
shovel – una pala  14
shutters – las contraventanas  27
shuttlecock – un gallito  40
Siamese cat – un gato siamés  16
silverware –
los artículos de plata  9
sitting – sentando  5
skate – patín  40
skirt – una falda  7
skunk – un zorrillo  18
skydiver – un paracaidista  41
sleeping – dormiendo  5
slide projector –
un proyector de diapositivas  33
smiling – sonríendo  5
snail – un caracol  16
snowflake – un copo de nieve  21
snowmobile –
una moto de nieve  23
snowsuit –
un equipo de invierno  6
soccer player – un fútbolista  41
socks – los calcetines  6
sofa – un sofá de tres plazas  27
soup bowl –
un plato hondo de sopa  29
soup tureen – una sopera  29
space shuttle –
una nave espacial  22
spaghetti – un espaguetis  8
speakers – los altavoces  36
spider – una araña  16
spinach – unas espinacas  10
sponge – una esponja  31
sports – los deportes  40
sports car –
un coche deportivo  22
spray bottle – un vaporizador  36
sprinter – una corredora  41
squash – una calabaza vinatera  11
stapler – una engrapadora  32
star fruit – una carambola  13
starry sky – un cielo estrellado  20
steak – un bistec  9
stepladder – una escalera  36
stew – un estofado  9
stock pot – una olla  29
stocking cap – un gorro  7
stool – un banquillo  26
stopwatch – un cronómetro  33
stork – una cigüeña  16
stormy sky –
un cielo de tormenta  20
stove – una estufa  29
strawberries – unas fresas  12
stroller – una carriola  23, 43
stump – una cepa  14
subway train – el metro  22
suit – un traje sastre  7
suitcase – una maleta  37
Sun – el sol  20
sundial – un reloj de sol  21
sunflower – un girasol  14

# Índice (Español a Ingles)

# ANSWERS TO GAMES AND RIDDLES – RESPUESTAS A LOS JUEGOS Y ADIVINANZAS

**Human Body – El cuerpo humano**
   navel (belly button) – el ombligo
**Clothing – La ropa**
   stocking cap – un gorro
**Food – La comida**
   pizza – una pizza • egg – un huevo
**Vegetables – Las verduras**
   tomato – un tomate
**Fruits – Las frutas**
   watermelon – una sandia • pear – una pera
**Plants and Gardens – Las plantas y los jardínes**
   sunflower – un girasol • tree – un árbol
**Animals – Los animales**
   (p. 16) caterpillar – una oruga • cheetah – un guepardo • chameleon – un camaleón (p. 18) honeybee – una abeja • ant – una hormiga

**Earth and Sky – La tierra y el cielo**
   Sun – el sol • moon – la luna
**Transportation – Los medios de transporte**
   bicycle – bicicleta • firetruck – un coche de bomberos
**Homes and Buildings – La vivienda y los edificios**
   pile dwelling – un palafito • tepee – un tipi
**Furnishings – Los muebles**
   lamp – una lámpara • rocking chair – una mecedora
**Kitchen – La cocina**
   toaster – un tostador • grater – un rallador
**Bathroom – El baño**
   sponge – una esponja • bathtub – una bañera

**School – La escuela**
   magnifying glass – una lupa • alphabet – el alfabeto
**Numbers, Colors, and Shapes – Las cifras, los colores y las formas**
   red, yellow, green – rojo, amarillo, verde
**Everyday Objects – Los objetos familiares**
   compass – una brújula • paintbrush – una brocha
**Music – La música**
   maracas – las maracas
**Sports – Los deportes**
   scuba diver – un buzo
**Games and Toys – Los juegos y los juguetes**
   matching shapes barrel – la caja de las formas • kite – una papalote

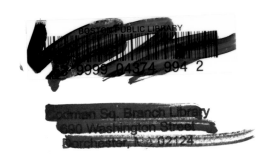